Seynabou SEYE

Une famille africaine

Seynabou SEYE

Une famille africaine

Éditions Muse

Imprint

Cover image: www.ingimage.com

Publisher:
Éditions Muse
is a trademark of
International Book Market Service Ltd., member of OmniScriptum Publishing Group
17 Meldrum Street, Beau Bassin 71504, Mauritius
Printed at: see last page
ISBN: 978-620-2-29744-8

Par

Seynabou SEYE

DEDICACES

Je dédie cette présente œuvre à ma cousine et amie Ami Colé Faye qui nous a quittés, à la fleur de l'âge, sans prévenir.

AMI REPOSES EN PAIX !

SOMMAIRE

Et tout commença

La région de Thiès est l'une des quatorze régions administratives actuelles du Sénégal .Elle est située à 70 km de Dakar, à l'ouest du pays,

Elle couvre une superficie de 6 601 km2 soit 3,4% du territoire national et est limitée au nord par la région de Louga, au sud par la région de Fatick, à l'est par les régions de Diourbel et Fatick et à l'ouest par l'océan Atlantique.

Le climat de la région est influencé par les courants marins. En effet, la région est sise dans une zone d'essais, soumise à l'influence des alizés maritimes et de l'harmattan. Elle a un climat soudano-sahélien (Sud, Sud-Est), et plus sahélien au Nord et au Nord-Est. La zone ouest, quant à elle, a un climat sub-canarien.

Tout commença dans une ville de cette région : Thiès, plus précisément dans le quartier Cité Senghor, près du Robinet « **bagarre** » qui devait de son nom au fait qu'il fut le lieu qui réunissait tous les habitants du quartier, ils s'y donnaient rendez-vous pour puiser de l'eau .C'était le théâtre des plus grandes disputes et bagarres.

Je me rappelle d'une nuit durant laquelle, ma mère et mes tantes nous avaient enfermés dans la maison pour aller affronter la famille des Fall au robinet « **bagarre** », dans une querelle où tante Aida Fall perdit une dent et, dès lors, les enfants des Bambaras, nous en l'occurrence, étions les plus choyés du quartier car, tout un chacun ne voulait pas subir les foudres de nos mères, les femmes Samaké.

Les Samaké

Certaines cultures accordent un grand respect aux ancêtres, qu'ils soient morts ou vivants.

Certaines familles pratiquent même le culte de leurs ancêtres, en sollicitant en faveur des descendants, l'intervention providentielle des aïeuls décédés, souvent issus du même clan ou de la même tribu qu'elles.

Le lien de parenté qui les unit peut être de nature biologique ou symbolique.

Chez les Bambaras, les ancêtres communiqueraient avec les vivants par le rêve,

Samaké est un nom d'origine Mandingue(Bamana) originaire du Mali. Ils sont de la famille des Touré.. En Bambara Samaké signifie « homme éléphant »

Les Samakè particulièrement nombreux autour de Bougouni et dans l'oriental Guinée ont également l'éléphant pour totem. Ils pratiquaient la religion traditionnelle et ils étaient pour beaucoup d'entre eux, des agriculteurs.

Selon des traditions similaires à celles des Touré, certaines familles Samaké seraient les descendants des renégats espagnols venus avec les troupes conquérantes marocaines.

Par ailleurs certains témoignages expliquent comment les Samaké ont obtenu ce patronyme ;

Fuyant la conversion à l'islam, imposée par les Almoravides, le deuxième groupe des Touré descendit vers Bamako et atteignit la zone de Djitoumou (Bougouni). Là, ils devinrent Samaké (éléphant mâle en bamanakan).

Ils furent comme « Diatouroubiné et Djaba », hyènes sacrées de leur aïeul « Mama Dinga » les plus grands maîtres de la géomancie ouest africaine « tourabou ».

Nous nous intéressons ici, à cette célébrité qu'était Djitoumou Balla dont le patronyme était Samaké.

Aussi les samaké formèrent avec d'autres tribus la confédération d'autodéfense du Senaké. En connaissance de cause, des Samaké sont des descendants d'une famille guerrière qui avait la garde des armes dans le Royaume bambara de Ségou et qui en savait beaucoup sur le dit royaume. Parmi les membres de cette famille nous pouvons citer entre autres de Kokèba Samaké, et Kariba Samaké.[1i]

[1] **Source Pure Mandé**

Mon Grand père

Il s'appelait Bakary Samaké, il était un cheminot venu du mali pour travailler à l'usine de la Régie des Chemins de Fer du Sénégal actuel TRANSRAIL.

Le projet de construction de la ligne de chemin de fer Dakar-Niger a été élaboré à la fin du XIXème siècle par le général Gallieni, commandant du Soudan français. L'objectif principal était de relier le fleuve Niger et le port de Dakar afin de permettre l'acheminement des matières premières vers la métropole.

La construction cette ligne de chemin de fer sera achevée au début du XXème siècle : le tronçon Kayes-Koulikoro sera inauguré en 1904 et la totalité de la ligne, Dakar-Koulikoro, le sera, en 1924.

Après l'éclatement de la Fédération du Mali, l'ancienne Régie des Chemins de fer de l'Afrique de l'Ouest est divisée en deux compagnies distinctes, la Régie des chemins de fer du Mali (RCFM) et la Régie des chemins de fer duS (RCFS).

Un accord entre le Sénégal et le Mali en 1962 détermina les modalités d'exploitation commune de la ligne par les deux entreprises.[2]

Mon grand père Bakary Samaké avait quitté l'entreprise du Mali, pour venir travailler au sein de celle du Sénégal.

Il était le père fondateur de la famille des Samakés et avait trois épouses.

C'était un homme qui aimait beaucoup sa famille et, il accueillait toujours beaucoup de parents venus du Mali.

Ces derniers venaient et lui rapportaient des souvenirs et nouvelles des parents restés à Bougouni.

Je me rappelle de Tonton Bandian Koné qui était un peintre très doué et de tonton Salif Sidibé, ils étaient inséparables. Tonton Bandian était un artiste complet, capable de dessiner des paysages et scènes de la vie quotidienne en toute aisance .Il faisait aussi de petites sculptures très raffinées Ce ne fut aucune surprise pour nous, lorsqu' il fut remarqué par un grand Serigne de Touba[3]

---

[2] Source :https://www.au-senegal.com/le-train-dakar-bamako-histoire-d-un-lent-declin,15765.html#:~:text=Le%20projet%20de%20construction%20de,mati%C3%A8res%20premi%C3%A8res%20vers%20la%20m%C3%A9tropole.

[3] Touba est une ville du Sénégal, siège de la confrérie musulmane des « mourides », située à 194 km à l'est de la capitale du Sénégal, Dakar

Ce grand érudit l'accueillit chez lui et fit de lui l'artiste du marabout.

Bref j'étais la petite fille préférée de grand-père Bakary. Je l'attendais près du robinet « bagarre », c'était là où s'arrêtait le bus venu de l'usine où il travaillait.Ce bus transportait les cheminots. Grand-père avait toujours quelque chose pour moi et m'appelait affectueusement ma chérie.

Je me souviens qu'un jour il se porta volontaire pour trouer les tables-bancs de notre école, l'école Cité Senghor actuelle « Demba Diakhaté ». C'était pour placer les encriers.

Il me trouva assise au premier banc et j'étais très fière de lui, je le regardais faire son travail pendant qu'il me souriait.

Il profita de cette occasion pour parler à notre maître, Monsieur Djibril Niang. Grand-père voulait s'enquérir de ma conduite.

Le maître lui fit savoir que je m'en sortais très bien, contrairement à sa fille Adama qui non seulement était plus âgée que moi, mais en plus, ne s'intéressait guère aux études.

De retour à la maison, il dit à ma mère que dorénavant, c'était lui qui s'occuperait de tout ce qui a trait à ma scolarité, et, Adama eut droit à beaucoup de reproches ce jour-là.

Mon grand-père disait que ses filles devaient se marier dès qu'elles atteignaient l'âge de vingt-ans. Il tenu parole et les maria tour à tour, chacune à l'âge de vingt-ans.

Cependant Tata Néné fit l'exception, elle était la préférée de ma grand-mère Aïda, elle aidait cette dernière dans l'accomplissement des tâches ménagères, mais aussi financièrement.

Elle était devenue à l'âge de vingt-ans, une monitrice rurale qui passait la majeure partie de son temps dans les zones reculées du Sénégal.

Son travail consistait à accompagner les paysannes et à les aider à prendre conscience de leurs droits et devoirs, afin d'assurer à leurs familles un minimum de conditions de salubrité et d'épanouissement

Tata Néné, elle, se maria à l'âge de trente ans.

Un jour comme toujours, j'attendais à l'arrêt du bus, mais grand-père n'était pas parmi les passagers, il ne descendit pas.

Tout à coup, un taxi s'arrêta devant la maison, prit mes grand-mères et ma mère pour les amener à Dakar.

Mon grand-père avait fait une crise cardiaque. Deux jours après il décéda. Je ne comprenais pas bien ce qui se passait et je voyais les gens présenter leurs condoléances, ils me donnaient de l'argent. Je demandais à ma mère où était mon grand-père et elle me répétait qu'il était reparti pour un pays très lointain.

Ma mère

Elle était l'ainée de la famille. Elle s'appelait Lala, une femme très belle, brave et très intelligente Elle avait le teint ambré, hérité sans doute de ses ancêtres latino.

Ma mère avait fait des études jusqu'en terminale. Les gens disaient qu'elle la plus belle fille du quartier mais aussi la plus brillante. A l'occasion des cérémonies de distribution des prix, c'était elle qui raflait les plus gros lots. Celui qui l'accompagnait devait se munir d'un grand panier afin de contenir les livres qu'elle recevait.

Ironie du sort, elle tomba malade et ne put ni faire le baccalauréat, ni trouver du travail.

Le jour où elle devait faire le concours de recrutement des instituteurs, elle avait séjourné chez une tante, par incompréhension face à l'enjeu qui se présentait, cette dernière la laissa dormir jusqu'à une heure avancée de la journée et, de ce fait, elle ne put concourir.

Elle se maria à l'âge de vingt-ans comme le voulait son père et se retrouva femme au foyer.

Ma mère était une femme très sérieuse, soucieuse de l'avenir de ses enfants ; elle m'aidait dans mes études et me lavait tous les jours.

Je me souviens qu'elle me frottait dans une grande bassine avec de l'eau et du savon même quand j'atteignis l'âge de dix ans.

Elle aurait continué à le faire si une camarade de classe, du nom de Isseu ne m'avait pas surprise, en train de prendre un bain avec son aide.

Une fois à l'école elle le répéta aux élèves et ils se moquèrent de moi. Ce fut la honte. De retour à la maison, je lui expliquai qu'elle devait me laisser me laver toute seule maintenant.

Elle était une véritable mère de famille qui se levait à l'aube et, était la dernière à se coucher.

Mes tantes

Ce qui était très frappant c'était que ma grand-mère Aïda n'avait donné naissance qu'à des filles.

Ma mère fut la première à se marier et, de ce fait, j'ai pu assister au déroulement de certaines folies de jeunesse de mes chères tantes.

Tata Marème n'était pas une adepte des études, elle était de nature espiègle et bagarreuse.

Le jour de la proclamation des résultats des examens du Certificat Primaire d'Etudes Elémentaires, elle partit s'enquérir de sa situation, en compagnie de tata Ndèye Penda qui était de nature timide.

Elles n'avaient pas du tout réussi. Cependant, Tata Marème lui demanda de dire le contraire. Arrivées à la maison, elles soutinrent qu'elles avaient obtenu leurs diplômes, mais mon grand-père qui était un fin limier, avait fait déjà ses investigations et savait qu'elles ne disaient pas la vérité. « Avez-vous réussi ? »Demanda- t-il ; et à

Tata Marème de répondre « oui ! » ; et à mon grand-père de dire « Malheureusement pour vous je sais ce qui se passe attendez moi un instant ! » .Il revint, muni d'un énorme gourdin et ce fut le sauve qui peut.

Tata Néné quant à elle, mettait un pagne par-dessus sa jupe ou son pantalon pour sortir et, une fois dehors elle l'enlevait. Elle disait qu'elle allait voir un match de basket alors qu'elle prévoyait de sortir avec ses amies.

Mon grand-père avait remarqué son manège et l'avait vite démasquée, il ne fut plus question d'aller faire du basket pour elle.

Cependant, mes chères tantes trouvèrent un nouveau stratagème pour sortir. Elles attendaient que Mame Bakary se retire dans sa chambre pour passer à l'acte, mais, c'était sans compter sur le flair et la surveillance de tonton Djiby qui était le beau-frère de ma mère.

Comme mon père était instituteur et servait dans une autre région, tonton Djiby était toujours chez nous pour nous tenir compagnie et, surveiller les filles Samaké disait-il.

Donc tonton Djiby les suivait et les reconduisait vite fait à la maison.

Il disait que c'était à lui que mon grand-père les avait confiées. D'ailleurs, elles furent très contentes quand il fut recruté comme gendarme, garde rouge du président Léopold Sédar Senghor. C'était un ouf de soulagement pour elles.

Tata Khady était la cadette, elle venait après Moussokoro qui était calme et très chétive. A sa naissance ma grand-mère était tombée malade et n'avait pas pu s'occuper d'elle.

Bref tata Khady était mon amie, elle me faisait de longues tresses ou de jolis pompons.

Le jour de la rentrée des classes, c'est elle qui m'accompagna. J'avais très peur, et, de surcroit, les autres me tiraient par les cheveux car, ils étaient extrêmement longs et cela les attirait encore plus, je ressemblais à une petite poupée me disaient-ils.

Je ne voulais pas lâcher la main de Tata .Quand on sonnait la cloche, les élèves se mettaient en rang, elle me disait qu'elle allait m'attendre derrière la fenêtre de la classe de CM2 (Cours Moyen deuxième année).

En fait, elle repartait à la maison et revenait au moment de la récréation. Mais en tout cas dès qu'on sonnait je m'y rendais et la trouvais toujours en train de m'attendre.

Au début, aller à l'école était un véritable calvaire pour moi J'avais tout le temps peur. Après quelques jours je commençai à adorer les études, les textes que nous lisait l'instituteur me faisaient rêver, c'était comme si j'étais un des personnages.

Quand il sortait, notre maître faisait surveiller les élèves de notre classe, par un grand élève du CP (Cours Préparatoire), il portait le nom de Mamadou.

J'avais peur de lui, Mamadou avait remarqué l'emprise qu'il avait sur moi. A chaque fois il me faisait sortir et je me mettais à genoux près du tableau, en attendant l'arrivée de notre maître. Ce dernier était toujours intrigué car, d'habitude c'était les bavards que l'on faisait sortir alors pourquoi moi ?

Sans en chercher la cause, Il me demandait à chaque fois de retourner m'asseoir à ma place. J'étais une très bonne élève, très disciplinée et surtout très calme.

Je finis par le dire à ma mère qui se rendit aussitôt à l'école pour voir le directeur et lui raconter ce que me faisait cet élève.

Les enseignants appelèrent Mamadou et lui demandèrent pourquoi il s'acharnait ainsi contre moi. Il leur répondit que c'était par pur plaisir. Il fut bien sermonné et reçut la correction de sa vie. Il ne s'attaqua plus à moi depuis ce jour et, m'évitait.

Malheureusement pour lui nous partageâmes la même classe, arrivés au CM2. J'étais devenue une grande fille très sûre d'elle. Lors de la proclamation des résultats des essais, j'étais toujours première ou deuxième de la classe. Il n'osait même plus me regarder

Il en était de même pour Khadim.

Khadim lui, avait l'habitude de me dire qu'il allait se battre avec moi à la sortie, après les cours, alors je me dépêchais d'aller voir le maitre qui intervenait et l'en dissuadait.

Les élèves m'appelaient « tapète » (peureuse) et se moquaient de moi, à cause de lui .Son manège dura jusqu'en classe de CE2 (Cours élémentaire deuxième année).

Nous étions en début d'année scolaire, avec un nouveau maitre Mr Sow, il était très regardant sur les tenues que portaient ses élèves. Comme il était nouvellement affecté dans notre établissement, il ne nous connaissait pas bien.

Ce jour-là, j'avais le cahier de roulement[4].

Khadim comme à son habitude me défia. A sa grande surprise j'acceptai son défi et, lui répondis oui en toute sérénité.

Nous devions nous battre sur un terrain qui servait d'écurie, situé derrière l'école .De ce fait, c'était un endroit plein de détritus d'animaux et de paille.

Toute la classe était réunie. Les garçons supportaient Khadim, les filles étaient de mon côté.

Je ne lui laissai même pas le temps de placer un mot et, je lui assénai un coup, qui par chance pour moi, le fit plier en deux, j'en profitai pour le pousser par terre et c'était gagné !

A ce moment précis, les élèves se dispersèrent car, les enseignants passaient par là pour rentrer chez eux.

Le soir, Mr Sow demanda qui était Seynabou.

[4] Le cahier de roulement était un cahier qui devait mesurer la performance de tous les élèves de la classe à tour de rôle

J'avais bien travaillé dans le cahier de roulement. Je me levai et me présentai avec ma petite robe verte portant les séquelles de mon combat avec Khadim. Je ne l'avais pas montrée à ma mère.

Le maitre me dit alors « tu as très bien travaillé » néanmoins, il me dévisagea d'un air septique, « la prochaine fois, il faut faire des efforts par rapport à ton habillement ! »me dit-il.

Je m'en voulus aussitôt de m'être battue avec Khadim, mais c'était pour la bonne cause. Ce dernier ne jurait plus maintenant que par moi.

Les enfants des Samaké

Comme je le disais, nous étions les enfants auxquels il ne fallait pas toucher. Je me souviens d'une nuit de « Achoura », plus communément appelée « Tamkharit »[5], nous allions de maison en maison, demander des étrennes, cela pouvait être du riz, du mil, du sucre, des biscuits, et même de l'argent que l'on nous offrait gracieusement durant cette fête.

Makan, l'enfant le plus terrible du quartier, accompagné de sa bande nous barra la route, il faisait nuit noire. A la lueur des phares d'une voiture qui passait, il nous reconnut et s'écria aussitôt « Ah ! Ce sont les enfants des bambaras, malheur à nous si nous les touchons ! ».

Ils prirent leurs jambes à leurs cous.

Nous nous aimions bien entre cousins .C'était quelquefois des jeux ou des bagarres entre nous. Ndèye Woly, ma petite sœur

[5] Fete du couscous

frappait tout le temps Amy Collé, la fille ainée de tata Marème, mais elle recevait à son tour les coups et réprimandes de ma grand-mère, Amy était sa protégée.

J'échangeais des habits avec Khady, la fille ainée de Tata Fatou et on se promenait toujours ensemble nous étions inséparables.

Tidiane le fils ainé de ma mère, passait tout le temps à se battre avec ses copains et élevait toujours des chiens à la maison.

Philos, notre chien

Philos était le chien de Tidiane mon grand frère. Cet animal était aimé par toute la famille.

Son pelage, constitué de poils courts, lisses et serrés, était de couleur blanc et orange.

Sa tête était plutôt longue mais pas trop large, le crâne un peu convexe, mais pas bombé, la cassure de son front était peu marquée. Sa truffe, bien pigmentée comportait des narines bien ouvertes avec un museau plutôt allongé.

Ses fines oreilles, attachées sous la ligne de ses yeux, étaient souples, légèrement tournées et moyennement larges.

Ses yeux, de couleur brune, de grande taille, affichaient une expression à la fois de douceur et de vivacité.

Son corps était caractérisé par un dos, soutenu et droit, les reins plutôt courts et musclés. Sa croupe était légèrement inclinée et la poitrine basse descendue. Une queue plutôt fine terminait cette architecture.

Philos se nourrissait de viande et du reste de nos repas. Nous aimions nous promener avec lui dans le quartier.

Les autres enfants avaient peur de lui, les éventuels voleurs aussi.

Nous étions revenus des vacances de Saint-Louis, de chez Tata Fatou qui était devenu institutrice et, vivait à Bango.

On nous dit que Philos s'était fait heurté par une voiture en voulant traverser la rue.

Ce fut une grande tristesse pour nous. Nous l'aimions tellement

Ce fut comme si un très grand membre de notre famille avait disparu. Ce qui me fit penser à cette citation

« La mort, voilà une notion terrible à accepter... et pourtant la mort fait partie de la vie, elle n'est que la fin, et l'accepter permet de ne pas perdre de temps et de vivre pleinement sa vie, non ? Il ne sert à rien de se demander s'il y a une vie après la mort, c'est le secret le mieux gardé, puisque personne n'est revenu pour en parler... Alors tentons de mordre la vie à pleine dents, car comme le dit Jean de la Bruyère : Il faut rire avant d'être heureux, de peur de mourir sans avoir ri »[6]

Nous étions des enfants et comme à son habitude, Tidiane trouva après quelques temps, un autre chien pour le remplacer

Bref on était une grande famille qui vivait dans la joie et qui aimait préparer activement les fêtes et cérémonies.

---

[6] Source : https://citations.ouest-france.fr/theme/mort/

La fête de de la tabaski

C'est la plus grande fête du calendrier musulman: « l'Aïd el-kebir » qu'on appelle au sud du Sahara « Tabaski » Elle est toujours célébrée au Sénégal, par la Umma islamique.

En une seule journée, des milliers de béliers sont sacrifiés pour commémorer le sacrifice d'Abraham (Ibrahim). Une fête qui est aussi l'occasion de se réunir en famille.

La Tabaski était le moment propice à la grande réunion des familles autour du mouton. Les préparatifs étaient et demeurent toujours exceptionnels.

A quelques jours de cette fête, dans les rues de Thiès, une grande ambiance se faisait déjà sentir : les marchés de « Moussanté, Grand-Thiès et Escale » se retrouvaient bondés de monde, les places et les terrains vagues s'érigeaient en forails improvisés, les moutons rivalisaient à qui les plus belles cornes.

Les tailleurs étaient débordés Les commandes étaient nombreuses Ils travaillaient jusque tard dans la nuit.

C'était la 'fête du mouton' qui se préparait ! La famille Samaké, à l'instar de toutes les autres suivait le mouvement.

À l'avance, de nouveaux habits avaient été confectionnés pour petits et grands. Des sacs d'oignons et de pommes de terre jonchaient le sol, des cageots de boissons gazeuses et des fruits étaient entreposés dans un coin de la maison, de nouvelles coiffures voyaient le jour.

Le jour de la Tabaski, tôt le matin tous les membres de la famille se réveillent, les hommes et les enfants revêtent leurs habits traditionnels, tout neufs et se rendent à la mosquée pour effectuer ensemble la prière des deux « rakkas ». C'est une prière qui se déroule dans le silence et le recueillement.

Les sermons de l'imam sont toujours orientés vers l'actualité, l'importance de cette occasion pour les Musulmans et, ils se terminent par le rappel de la signification de cette fête.

Après ce sermon, L'imam sacrifie un gros bélier blanc, au nom de Dieu afin de perpétuer l'acte d'Ibrahim.

Tous les musulmans, rentrent vite chez eux afin d'exécuter le rituel à leur tour. Les moutons sont égorgés.

Pendant que les hommes étaient à la mosquée, les femmes elles épluchaient les légumes et préparaient les fourneaux pour griller la viande.

Elles étaient actives à préparer les repas. Tout au long de la journée, elles cuisineront des plats : du foie de mouton aux oignons, des grillades accompagnées d'oignons, et de la viande avec de la salade.

Après avoir égorgés leurs béliers, les hommes vont de maison en maison pour rendre visite à leurs proches, familles et amis, afin de demander pardon quant aux écarts de conduites ou exactions, commis à l'encontre de ceux-ci. Ils demandent pardon et pardonnent eux aussi, aux autres.

En fin de journée de la Tabaski, les rues du quartier sont pleines de monde.

Les femmes, habillées de leurs plus belles tenues traditionnelles, à leur tour, vont rendre visite à leurs proches, tandis que les enfants et adolescents, réunis par groupes d'âge, s'en vont demander des « ndewenel » (les étrennes). D'autres jeunes gens font la queue devant les studios des photographes afin d'immortaliser cette fête.

Le soir, réunis devant un ultime repas, on discute, rit et profite de ce moment passé en famille, avant d'aller se coucher ou, d'aller danser.

Une saison des pluies pas comme les autres

A l'origine, la maison des Samaké était entourée de plaques en métal issues de fûts découpés .Elles étaient alignées les unes près des autres, ce qui laissait un intervalle entre elles .Cependant les animaux ne pouvaient pas se faufiler par ces ouvertures, mais l'eau elle, le pouvait aisément.

On était en pleine saison des pluies. Cette dernière s'étalait de juin à octobre, le thermomètre grimpait à plus 30°C et les pluies faisaient leur apparition. Ces précipitations pouvaient être sous forme de tempêtes ou d'orages.

Le ciel se couvrait de gros nuages noirs, les animaux sentaient la venue de la pluie, de même que les hommes. Ils couraient dans tous sens.

Le tonnerre grondait, les lueurs des éclairs illuminaient le ciel par moment.

Les enfants avaient peur et se cachaient sous les pagnes de leurs mères. Quelques fois on apercevait des toitures en paille ou zinc qui s'envolaient et laissaient entrer l'eau dans les maisons d'où elles s'étaient détachées.

La maison des Samaké n'y échappa pas.

En effet, une partie de la clôture s'était effondrée et les habitants avaient de l'eau jusqu'aux genoux.

Les meubles flottaient autour d'eux .Les enfants furent évacués vers d'autres maisons voisines, en attendant l'arrêt de la pluie.

Après quelques heures, elle cessa et laissa place à un soleil très généreux.

Les pompiers n'arrivèrent que le lendemain et étalèrent de longs tuyaux afin d'aspirer l'eau .La nouvelle parut dans les journaux avec une photo de la maison entourée d'eau, tel un bateau au milieu de l'océan.

Cette même année-là, grand-père Bakary appela des maçons pour construire un long mur de clôture, mais cette fois-ci, il était en briques cimentées.

Ce fut pendant ces vacances d'été que l'équipe de Cité Senghor remporta la coupe de la finale des « navetânes »[7]

[7] Littéralement « championnat d'hivernage »..

Une Equipe championne

Les « navétanes » étaient de championnats de football organisés par les ASC (Associations Sportives et Culturelles), durant les vacances d'hivernage de juillet à octobre.

La maison des Samaké était le lieu de regroupement des joueurs, mon père était leur capitaine.

A dix-sept heures, les joueurs se retrouvaient au champ de course pour faire des matchs d'entrainement.

Après ces séances, couverts de sueur et de sable, ils se pavanaient dans les artères du quartier, vêtus de leurs équipements qui faisaient leur fierté et, leur donnaient du succès auprès de la gente féminine.

Bref après plusieurs matchs de qualification, l'équipe du quartier put accéder à la finale

Enfin, le grand jour de cette finale arriva. Celle-ci devait opposer les équipes de « Cité Senghor » et de « Mbambara ».

La veille, un petit groupe accompagné du staff technique, s'était rendu chez Niokhor le marabout Sérère du quartier. Ce dernier leur donna des talismans et, leur prédit une victoire éclatante. Il ne s'était jamais trompé dans ses prédictions.

Tôt le matin, les jeunes filles du quartier arrivèrent se mirent à préparer des repas pour les joueurs. La musique battait son plein.

De temps en temps, un des joueurs, se levait et esquissait quelques pas de danse.

A quatorze heures, tout ce monde se rendit au stade. C'était le stade « Maniang Soumaré ».

Les supporters avaient envahi les gradins, vêtus aux couleurs de leurs équipes respectives. Les joueurs de tam-tams rivalisaient d'ardeur. Les vendeurs de glace et de friandises défilaient.

Les jeunes filles battaient des mains criaient, chantaient les louanges des joueurs.

La fanfare était là. Elle joua l'hymne national du Sénégal. Après la cérémonie officielle, l'arbitre fit venir les deux capitaines et, donna le coup d'envoi du match.

Mon père était un joueur dans toute sa splendeur, je ne regardais que lui, du haut de ses 1m85, il était élancé et était d'une rapidité déstabilisante face à ses adversaires. Il marqua le but de la victoire ce jour-là.

Il fut raccompagné chez nous, sur les épaules de ses coéquipiers. Tout le monde scandait son nom « Cheikh, Cheikh ! », on entendait des chants dans tout le quartier.

La nuit les habitants se donnèrent rendez-vous au dancing du champ de course pour le bal de fin des « navétanes ».

Le bal

En Afrique la devise était et reste toujours : Amour, joie et sueur. Cela résume assez bien l'énergie que l'on donnait aux bals. Ils se déroulaient dans un esprit festif, résolument tourné vers le partage

Toutes les catégories d'âge étaient présentes .Il y avait des familles, des enfants, des jeunes et des moins jeunes.

En résumé, on aimait danser !surtout les filles de la famille Samaké.

J'avais accompagné Tata Ndèye Penda qui était vêtue d'un pantalon (pattes d'éléphant) et d'une chemise cintrée. Cette tenue faisait sortir ses généreuses courbes, comme les avaient du reste, toutes ses sœurs.

Elles dansèrent sur le rythme de plusieurs musiques, allant du latino au reggae, en passant par les slows, sans oublier l'éternel « Mbalakh »

A minuit des mets furent servis. Et ce fut le retour vers la maison. Les enfants dormaient dans le creux des bras de leurs parents.

J'ai vécu mon enfance dans cette chaleur familiale qui m'honore et fait ma fièrté.

Printed by Books on Demand GmbH, Norderstedt / Germany